Elzbieta Szumanska

Chatbot als Objekt der anthropologischen Forschung

Die Auseinandersetzung um die Idee der Gesprächsimitation und ihre Methoden

GRIN Verlag

Bibliografische Information der Deutschen Nationalbibliothek:

Die Deutsche Bibliothek verzeichnet diese Publikation in der Deutschen National-
bibliografie; detaillierte bibliografische Daten sind im Internet über http://dnb.d-
nb.de/ abrufbar.

Impressum:

Copyright © 2007 GRIN Verlag GmbH
Druck und Bindung: Books on Demand GmbH, Norderstedt Germany
ISBN: 978-3-640-18893-2

Dieses Buch bei GRIN:

http://www.grin.com/de/e-book/116947/chatbot-als-objekt-der-anthropologischen-
forschung

GRIN - Your knowledge has value

Der GRIN Verlag publiziert seit 1998 wissenschaftliche Arbeiten von Studenten, Hochschullehrern und anderen Akademikern als eBook und gedrucktes Buch. Die Verlagswebsite www.grin.com ist die ideale Plattform zur Veröffentlichung von Hausarbeiten, Abschlussarbeiten, wissenschaftlichen Aufsätzen, Dissertationen und Fachbüchern.

Besuchen Sie uns im Internet:

http://www.grin.com/

http://www.facebook.com/grincom

http://www.twitter.com/grin_com

EUROPA-UNIVERSITÄT VIADRINA FRANKFURT (ODER)

Kulturwissenschaftliche Fakultät
Wintersemester 2006/07

Professur für Vergleichende Kultur-
und Sozialanthropologie

Blockseminar „*Anthropologie der visuellen Medien*"

„Chatbot als Objekt der anthropologischen Forschung

Die Auseinandersetzung um die Idee der Gesprächsimitation und ihre Methoden

Hausarbeit in der Disziplin Sozialwissenschaften
Vertiefungsseminar

Eingereicht von: **Elżbieta Szumańska**
am 25. August 2007
Fachsemester: 6

Inhaltsverzeichnis

1. Einleitung

Anthropologie[1] ist frei übersetzt *„die Wissenschaft vom Menschen und von der Menschheit"*. Sie befasst sich mit dem einzelnen menschlichen Wesen wie auch mit der Gesamtheit aller Menschen sowie der menschlichen Kultur in natur- und geisteswissenschaftlicher Sicht in Geschichte und Gegenwart (sing-lang.uni-hamburg.de). Der Mensch und alles, was mit dem Menschen in dem Zusammenhang verstanden wird, soll auch zu den Objekten der Anthropologie werden.

Die neue anthropologische Disziplin – die sog. *Internetanthropologie* - die sich mit der Forschung des Menschen im Sinne der Internetära beschäftigt, könnte man zwischen der Medien-, Sozial- und visueller Anthropologie platzieren. Sie ist noch ziemlich jung, entwickelt sich aber rasch. Internet ist ein Artefakt, was impliziert, dass es sich für ein Objekt der anthropologischen Forschung eignet. Als globales Netz des Informationsaustauschs, Raum der Gespräche, der Einkäufe, der Treffen…usw. schafft es ein neues Forschungsfeld in dem Sinne, dass für Anthropologen dieser Bereich neue Herausforderungen schafft: Anthropologie hat ähnliche Aspekte schon breit beschrieben, nie aber im Sinne der virtuellen Welt. Da ändern sich einige Sachen, wie z. B. Raumdimensionen, Gleichzeitigkeit, Wahrheit der Aussage und der Selbstbildung…usw. In den Forschungen ist es möglich und sogar unbedingt, nur einige Richtungen auszuwählen, in Abhängigkeit davon, welchen normativen Erklärungskategorien man folgt und welche Felder man weiter vertiefen möchte.

Heutzutage ist das Internet in den modernen Gesellschaften eine nicht mehr wegzudenkende Kommunikationstechnologie, die als Voraussetzung für die Erzeugung von Informationen und materiellen Produkten ebenso relevant ist, wie sie das Alltagsleben vielen Menschen beeinflusst. Die Statistiken zeigen, dass 57% der 25- bis 34-Jährigen länger als 2 Stunden pro Woche ins Internet gehen, wobei das Chatten (16%) eine bedeutsame Rolle spielt[2]. Nach einigen Ausgangsüberlegungen bietet Abschnitt 2 eine kurze Einführung zum Konzept der medialen Schriftlichkeit, danach werden die Haupteigenschaften der Chatkommunikation vorgestellt im besonderen Fokus auf das Phänomen der Lingubots. Im weiteren werden die möglichen anthropologischen Gesichtspunkte der Chatbotforschung dargestellt. Es können drei Hypothesen nachgeprüft werden; ob die Lingubotssprache ähnlich der natürlichen Sprache ist und welche Folgen dieses mit sich bringt, welche Rolle ihre Visualität spielt und ob dabei Emotionalität von Bedeutung ist. Man bezieht sprachphilosophische Hintergründe mithin ein, überprüft was dies für virtuelle/reale Kommunikation bedeutet und versucht darzustellen, wie leistungsfähig diese Systeme sind (bzw. nicht sind).

---

[1]   von griechisch: ἄνθρωπος *ánthropos* „Mensch" und λόγος *lógos* „Lehre"
[2]   Siehe Abb.1

2. Zur konzeptionellen Mündlichkeit und medialen Schriftlichkeit

Medium und Konzeption soll man voneinander unabhängig sehen. Es gibt jedoch charakteristische Ähnlichkeiten zwischen „*medial mündlich*" und „*konzeptionell mündlich*" bzw. „*medial schriftlich*" und „*konzeptionell schriftlich*". Als Beispiel diene ein Roman (medial schriftlich/konzeptionell schriftlich) oder ein Gespräch zwischen Familienmitgliedern (medial mündlich/konzeptionell mündlich). Für die Wissenschaft sind vor allem die gegensätzlichen Kombinationen interessant, da es kommt bei ihnen immer wieder zu Veränderungsprozessen, die meistens weitgehende Konsequenzen haben. Ein Beispiel für eine solche Kombination ist ein Chat, der schriftlich realisiert wird, aber konzeptionell mündlich ist (vgl. REHM 1997).

Das Konzept der Mündlichkeit, die anhand des Mediums *Schrift* erfolgt, ist relativ jung. Es ist sehr eng mit den technischen Entwicklungen seit den 60er Jahren verbunden: genauer mit dem Computergebrauch und intensiven Medienhantierung. Die Übertragungsbedingungen solcher Konversation werden durch den Umstand bestimmt, dass es sich um eine *Computer Mediated Communication* handelt. Der Computer, als ein Medium, spielt in diesem Zusammenhang eine wesentliche Rolle, da er es ermöglicht, ein simultanes Gespräch zu führen, ohne den Partner in der physischen Nähe zu haben.

Habscheids Charakteristik des Phänomens umfasst sowohl diese zeitliche Dimension (unbedingte gleichzeitige Anwesenheit von Sender und Empfänger, "*zeitliche Nähe vs. räumliche Distanz*") als auch andere Aspekte, wie: begrenzte Speicherkapazitäten, hohe Schnelligkeit, variable Anzahl der Kommunikationspartner, wechselseitige Bekanntheit vs. Anonymität, physikalisch – chemische Zeichenmaterialitäten (z.B. akustische Laute und Töne) und biologische Modalitäten (z. B. Visualität) (HABSCHEID 2005: 48f). Grzenia stellt dazu noch eine Menge von unterschiedlichen Aspekten dar, und zwar: die Möglichkeiten der Dialog- vs. Monologführung, Spontaneität, Umgangssprachlichkeit, Situationsgebundenheit, Multimedialität, Hierarchie, Automatisationsmöglichkeiten, Dynamik, Reichweite, Haltbarkeit (vgl. GRZENIA 2006).

Da in der Computerkommunikation derzeit praktisch nur ein Mittel existiert, in dem Sprache realisiert werden kann, nämlich der geschriebene Text, wird er da für *quasi-synchrone Interaktion* gebraucht. Man spricht von dem Phänomen sog. *Echtzeitschriftlichkeit* (vgl. FREYERMUTH 2002: 96). Die multimedialen Formate im Internet führen zu einer Neubestimmung der Funktion von Schrift und Bild (SCHLOBINSKI 2005: 8).

Diese quasi-orale Kommunikation weist ein starkes Potenzial zur Interaktivität und Interaktion auf, die partiell synchron erfolgt und zeigt die analoge Struktur von *Face-to-Face*

– Kommunikation (SCHLOBINSKI 2005: 9). Dabei muss man eine Differenz zwischen dem Sozialen (Interaktion) und dem Technischen (Interaktivität) zeigen. Natürlich darf man nicht sich ausschließlich nur auf einer Seite der Konversation konzentrieren, und zwar aus zwei Gründen: zum ersten kann man das neue Kommunikationsmedium nur im Zusammenhang von sozialen und technischen Komponenten verstehen und zum zweiten verlieren alle Erklärungen schnell an Gültigkeit, weil sowohl die technischen Innovationen als auch das soziale Umfeld sich rasch ändern.

Jan Grzenia unterscheidet drei Typen von Internetkommunikation: Korrespondenztyp (z. B. E-Mails), Hypertexttyp (z. B. das Textangebot von World Wide Web) und Konversationstyp, zu dem man Chats[3] anordnen kann (GRZENIA 2006: 43).

Innerhalb der synchronen online-Kommunikationstypen unterscheidet man Eins-zu-Eins-Kommunikation und Viele-zu-Viele-Kommunikation. Wenn man das Mensch-Maschine Chat umfokussieren möchte, muss man sich den ersten Typ halten. Lingobuts, bzw. Chatbots; computergenerierte Systeme, die in der Lage sind, über eine Ein- und Ausgabezeile oder durch ein Spracherkennungssystem mit einem menschlichen Nutzer in natürlicher Sprache in bestimmter Weise zu interagieren und eine Quasi-Konversation zu schaffen, spielen eine immer stärkere Rolle in internetbasierter Praxis und Forschung.

Noch Anfang der 90er Jahre gab es wenige Untersuchungen und Analysen zu den Auswirkungen des Internetchats auf die Gesellschaft im anthropologischen Sinne, u. a. die Studie von Sproul/Kiesler. Ab Mitte der 90er erschienen einige Sammelbände, z. B. Herring 1996 und 1998 die erste Monographie zu dem Thema. In dem Wissensportal mediensprache.net finden sich zum Beispiel in der Literaturdatenbank zum Thema *Chat*, 229 Einzelbeiträge[4]. Einige Wissenschaftler befassen sich mit dem Thema des Chats im Zusammenhang mit der Brieftheorie – z. B. Weigel 1999 -, des Gender-Swappings – z. B. Bruckman, Hall, Savicki 1996. Luhmann betrachtet das Chatten als soziologisches Phänomen (LUHMANN 1996: 366). In den letzten zehn Jahren erschienen zahlreiche Publikationen über Chats, z. B. Pemberton, Shurville 2000, Barnes 2002, Thurlow, Lengel, Tomic 2004 usw.

---

[3]   Es gibt auch Untergruppen
[4]   Stand: den 28.2.2007

3. Was ist der Gegenstand?

Einen sehr wichtigen Aspekt bilden die Bedingungen solcher Kommunikation. Sie ähnelt der mündlichen Konversation dadurch, dass sie unter der Voraussetzung der gegenseitigen Anwesenheit gestellt wird, was unmittelbare Erreichbarkeit ermöglicht. Dadurch wird die mündliche Nachricht quasi verschriftlicht und ein quasi mündlicher Dialog wird im Medium der Schrift zur Realität (vgl. WIRTH 2005: 71).

Das Chatten hat einerseits den Charakter einer synchronen Kommunikationssituation (wie das Telefonieren), andererseits aber erfolgt es schriftbasiert. In diesem Fall wird die Sendermitteilung erst für den Empfänger erkennbar, nachdem der erste die Nachricht durch seine Tastatur eingetippt und die >Enter-Taste< gedrückt hat. In diesem Moment wird die Botschaft an einen Server übermittelt, der sie verarbeitet und an den zweiten Teilnehmer des Chats weiter übermittelt. Da ein potenzieller Turn strikt linear erfolgt – d.h. *wer zuerst kommt, mahlt zuerst*, hat dieses zur Folge, dass die Dialoge zwischen zwei Chattern zumeist von Repliken anderer Chatter unterbrochen werden. (vgl. FREYERMUTH 2002: 96; SCHLOBINSKI 2005: 8). Sandbothe wertet den Chat als *„performatives Schreiben eines Gesprächs, in dem die Sprache interaktiv geschrieben statt gesprochen wird"*, was eine *„Verschriftlichung der Sprache zur Folge hat"* (SANDBOTHE 1997: 149). Diese Veschriftlichung ermöglicht in erheblichem Maße die Verflechtung von Datenübermittlung und Datenspeicherung. Die Chatmitteilungen bleiben auf der Bildschirmoberfläche für einen längeren Zeitraum graphisch wahrnehmbar. Es besteht aber auch die Möglichkeit, einen Chat jederzeit unbemerkt mitzuschneiden, da bei der Chatkommunikation das Interaktionsmedium mit dem Speichermedium zusammenfällt.

Es gibt einige Schulen, die unterschiedliche Aspekte der Chatuntersuchung unterstreichen. Nach Grzenia zum Beispiel sind Dialoguntersuchung[5], Spontaneitätsaspekte[6], Situationsgebundenheit[7], Multimedialitätsmöglichkeiten[8], Hypertextualität,[9] Redehierarchie-untersuchung[10], Tastaturverwendungsmöglichkeiten[11], Dauer[12], Sprachumfang[13] und andere

---

[5]   ähnlich zu der Turn-Taking-Untersuchung, es wird aber auch untersucht, welche Methoden man wählt, um das Interesse aufzuwecken

[6]   dazu: Satzlänge, Typographieauswahl, Interpunktionsgebrauch, Fehlerfrequenz, Sprachkompetenz der Sender, Wiederholungen, Logik.

[7]   dazu: Kommunikationskanale, Kooperation, Ignoranz, Korrespondenzthematik, Konversationsdisziplin

[8]   vor allem die Kodtypen, aber auch: Graphik, Visualität

[9]   es geht um die Zusammenhängeabbildung; ein Sender hat die Möglichkeit, durch die Linkangabe den Sinn seiner Botschaft besser zu erklären

[10]   manchmal haben nur wenige Personen die Konversationsführerposition

[11]   er meinte die Automatisierung: Kopieren, Ausschneiden und Einfügen, was die Textproduktion erleichtert und den Turn-Taking wesentlich beeinflusst.

[12]   dazu: die Entstehung lokalen Chatsprachen

[13]   dabei untersucht: der Einfluss der minimaler Chataussagedauerhaft auf ihren Empfang

von Bedeutung (Grzenia 2006: 97-117). Es werden auch andere Aspekte geforscht, zum Beispiel das *Turn-Taking*[14], Reparaturen[15] und sequentionelle Organisation[16] (vgl. Streeck 1983: 76f).

3.1 Computergenerierte Psychotherapeuten

Grundmuster von diesem Typ ist die Simulation eines Gesprächs zwischen einem computergenerierten Psychotherapeuten[17] auf der einen und einem menschlichen Patienten auf der anderen Seite. In der Therapiesitzung wird von der Seite des Chatbots nach Rogers ein Konzept der *nondirektiven Gesprächsführung* zur Basis. Die Prämissen der Echtheit, Empathie und der Wertschätzung werden für die Aussagen der Patienten gewählt (vgl. Weizenbaum 1976). Wie im folgenden Beispiel wird dieses Konzept mit Techniken der aktiven Gesprächsführung im Sinne des Spiegelns und des Paraphrasierens von Aussagen des Users durch den Chatbot verknüpft:

```
Human: i am so unhappy
ALICE: What makes you so unhappy, ela.
Human: i can not find my key
ALICE: You might find that I am your key.
Human: no, I am talking about my door key
ALICE: Are you serious? Yes, it is the topic.
Human: that is why i am so sad
ALICE: Take it easy human being, you should not be sad.
(...)18
```

Gerade dieses kleine Transkript eines Gesprächs mit A.L.I.C.E. macht es deutlich, dass dem Programm ein einfaches Reiz-Reaktionsschema zugrunde liegt. Der A.L.I.C.E. kommt in der Konversation die Rolle zu, das „*gegenüber zum fortgesetzten Sprechen über seine Fragen und Probleme zu bewegen, nicht selbst zu intervenieren und keine eigene Sprechinitiative zu entwickeln*" (Tewes 2005: 246). Das Programm liest erstmal die Nutzereingaben, organisiert die Ausgabe der Antwort und steuert die Einbindung des Skripts mit Mustererkennungen für die Dateneingaben des Nutzers mit den mit den Eingaben korrespondierenden Antworten. In diesem Fall entscheidend waren wahrscheinlich die Wörter „*unhappy*" und „*key*".

---

[14]   das Einander – Wechseln während des Gesprächs
[15]   Fehler und ihre Korrekturen
[16]   interaktive organisierte Äußerungsfolge in Gesprächen
[17]   *Chat* – aus Engl. *Gespräch, Bot* – Abk. vom Engl. *robot*
[18]   Chatbot Alice alicebot.org, den 4 Juli 2007

3.2 Kommerzielle Chatbots

In dem Maße, in dem das Internet an gesellschaftlicher Bedeutung gewonnen hat, genau in dem Maße hat es sich von einem libertären Netzwerk zu einem durch ökonomische Interessen bestimmten entwickelt. *E-Commerce*, vor wenigen Jahren noch ein Fremdwort im Deutschen, hat sich heutzutage nicht nur als Begriff durchgesetzt. Es kam dazu, dass eine Maschine[19] als eine Art der Kundenberatung dient und *„in Umgangssprache formulierte Fragen sofort beantwortet"* (kiwilogic.de). Das Ziel ist, nach dem Willen der Auftraggeber und Programmierer die Navigation auf der firmeneigenen Seite durch die Abbildung natürlichsprachiger Dialoge nutzerfreundlicher zu gestalten.

Der Einsatz von Chatbots in Onlineshops ist branchenübergreifend zu beobachten[20] und bildet eine Folge der Hoffnungen der Unternehmer, die auf die stetig wachsende Zahl potenzieller Kunden im Netz rechnen. So ermöglichen Chatbots bei richtiger Implementierung 24 Stunden am Tag 80% der Kundenfragen durch Self-Service direkt und automatisiert zu beantworten. Die Daten werden außerdem in Formen von Logdateien mitprotokolliert. Ihre Auswertung ermöglicht die Gewinnung der wertvollen Kundeninformationen aus den Marktforschungsbereichen. Mit automatisch dokumentierten Unterhaltungen liefern sie zudem konkrete Vorschläge für die Ausweitung der Wissensdatenbank. Das weiterhin trägt zur Konkretisierung und Verbesserung des thematischen Sortiments bei, sodass die Fragen der Kunden dadurch gut antizipierbar sind. Auf diese Weise wird das Problem der hohen Kosten und niedrigen Volumen zu bearbeitender Anfragen bewältigt. Das ist ein wichtiger Vorteil im Vergleich zu den menschlichen Mitarbeitern in einem Call-Center. (vgl. TEWES 2005)

Es gibt natürlich viele Mängel von diesen Phänomenen in der Praxis. Aufgrund unterschiedlicher Bedürfnisse der Kunden müssen die Programme im Sinne einer kundenorientierten Beratung kontextsensitiv auf das Nutzenverhalten reagieren können. Die Chatbots sollen vor allem als Informationssystem genutzt werden, weswegen unpräzise Informationen den Nutzer verärgern könnten. Aus diesem Grund verfügen sie nicht über eine größere Zahl von Auffangerkennungs-Antworten. Falls eine Frage nicht beantworten werden kann, bietet das System erstmal eine Neuformulierung der Frage. Sollte auch dann die geeignete Antwort nicht möglich sein, bindet das System menschliche Kundenberater per Live-Chat ein[21]. Die ursprüngliche Kommunikation wird auf eine Mensch (*Nutzer*) – Maschine (*Chatbot*) – Mensch (*Kundenberater*) – Kommunikation erweitert:

> (...)
> **Aisa**: Diese Frage habe ich leider nicht verstanden. Hatte diese Frage denn etwas mit den smart Fahrzeugen oder der smart GmbH zu tun?
> **User**: durchaus

---

[19]   siehe Anhang Abb.2,3
[20]   eine Übersicht findet man auf der Seite chatbots.de
[21]   nur etwa 10 % aller Fachgespräche benötigen eine Weiterleitung (siehe: TEWES 2005)

Aisa: Tut mir leid, Frau Elzbieta, dass ich Ihre Frage nicht beantworten konnte. Vielleicht kann Ihnen einer meiner Kollegen in smart Infocenter weiterhelfen. Soll ich Sie dorthin verbinden?
User: quatsch[22]

4. Anthropologische Aspekte

4.1 Zum Problem der Verbreitung der natürlichen Sprache

Das Problem der Verbreitung der natürlichen Sprache ist technisch bedingt. Die Mehrzahl der Lingubots basiert auf sog. *Wissensbasen*, d.h. fertigen programmierten Antworten und Erkennungsmustern. Das Programm teilt erstmal die eingegebene Frage in Einzelteile und danach kommt es zu seiner Verarbeitung nach bestimmten Regeln. Dabei können Schreibweisen harmonisiert (Groß- und Kleinschreibung, Umlaute etc.), Satzzeichen interpretiert und Tippfehler ausgeglichen werden (sog. *Preprocessing*) (vlg. wikipedia.pl). Danach kommt es, üblicherweise nach Erkennungsmuster, zur eigentlichen Erkennung der Frage. Wenn eine Antwort, die zur bestimmten Frage passt, erkannt wird, dann wird diese sofort angepasst und ausgegeben.

Der allererste Prototyp der Chatbots war *Eliza*, der, zwar mit erheblichen Restriktionen, schon die praktische Umsetzung von Mensch – Maschine – Kommunikation in natürlicher Sprache erlaubte. Als Weizenbaum angefangen hat, mit seinem Programm zu experimentieren, wurde diese Kommunikation bis dahin nur theoretische Diskussion zur Realität. *Julia*, ein Lingubot des Informatikers Michael Mauldin, spielte eine Vorreiterrolle in diesem Aspekt. Leider erwies sich das Programm immer noch als zu flexibel, wie *Eliza*, um geeignet auf Nutzereingaben zu reagieren, die nicht unmittelbar in seiner Datenbank verfügbar waren. Als weitaus vielseitiger und zukunftsweisender zeigte sich im Jahre 1996 der *Hex* von Jason Hutchens. Der Programmierer greift auf stochastische Algorithmen von Markov zurück (vgl. FELDWEG 1996: 217-229). Die Grundidee, die dahinter steht, besagt, *„that only the prior local context – the last few words – affects the next word*"(vgl. TEWES 2005: 248f)[24].

Den anderen Aspekt, die zur Verarbeitung der natürlichen Sprache beiträgt, ist die in den Chatbotserstellung verwendete Programmiersprache *AIML*[25]. Wallace, der *Eliza* geschaffen hat, argumentiert die Verwendung von *AIML*: *„The emphasis in the language design is minimalism. The simplicity of AIML makes it easy*"(vgl. WALLACE 2000). Die Struktur beinhaltet sog. *categories*, also Erkennungsmuster, die jeweils aus einem *pattern* der Nutzereingabe bestehen und eine damit korrespondierende *template* als Antwort herausgeben.

---

[22]   [22]   Chatbot *Aisa*, smart.com, den 29 Juli 2007.
[24]   Das ergibt sich auch aus dem Experiment, siehe: Kapitel 3.1, S.7
[25]   *Artificial Intelligence Markup Language*

Es wurde nämlich davon ausgegangen, dass ein Mensch nicht über alle denkbaren Themen tatsächlich spricht: „*The number of things people actually do say is surprisingly small*" (WALLACE 2000: 272). Die *categories* beinhalten Namen der am Dialog beteiligten Personen, ihre Herkunft, Hobbies, Pläne…etc. - also die Themen, die in der ersten Begegnung zwischen einander fremden Personen eine besondere Rolle spielen, genau wie in realem Leben. Darüber hinaus ist die Datenbank mit enzyklopädischem Wissen aus dem WWW gespeist. Das alles wird ergänzt durch bekannte Zitate, fremdsprachige Idiome, besondere Geschichtendatei, die in den Chatbot in seiner Gesamtheit menschenähnlicher erscheinen lassen. Diese Zusammenstellung bestimmt wesentlich die flexible Reaktion des Programms auf Nutzeräußerungen. Das wird durch den folgenden Dialog bestätigt:

```
<category>
      <pattern> What is Pearl Harbour </pattern>
      <template> The Japanese attacked Pearl Harbour on December 7,
            1941, "A day that will live in infamy" (FDR).
            <A href=http://www.pearl-harbor.org7>www.pearl-
            harbor.org</A>
      </template>
</category>
```
(TEWES 2005: 251)

Es ist eigentlich egal in diesem Fall, wonach der Nutzer fragt. Als Antwort wird durch das Programm in jedem Fall das im *template* eingetragene geschichtliche Faktum, das Roosvelt-Zitat sowie ein Link ausgegeben. Somit erhöht sich die Flexibilität des Programms im Hinblick auf mögliche Nutzereingaben.

Es scheint frappierend zu sein, dass sich Chatbots im Zuge des Gesprächs an Sachverhalte nicht erinnern oder sie nicht erkennen:

```
User: Hello, my name is elcik, I m culture science student at the
      European University Viadrina.
ALICE: hi there, how are you elcik?
User: thanks, I m fine. Who I am?
ALICE: You are elcik, seeker.
User: can you tell me what my profession is?
ALICE: I am sorry elcik, you did not tell me what your profession
      is. You can say that now if you want.
(...) [26]
```

In diesem Beispiel ist dem Lingubot entweder nicht klar, dass *student* eine Art von *profession* ist oder die Maschine hat es schon „vergessen".

Bei Chatbots ist es auch wichtig, dass sich darum bemüht wird, die häufige Wiederholung von Formulierungen zu vermeiden. Über den Befehl *random* besteht die

---

[26]   Chatbote *A.L.I.C.E*, alicebot.org, den 1. August 2007

Möglichkeit, unter einer Vielzahl von Antworttemplates auszuwählen. Auf diese Weise wird Monotonie im Gespräch vermieden, was einen positiven Eindruck macht. Ist die Wissensbasis aufgebaut, wird das Bot in möglichst vielen Trainingsgesprächen mit Nutzern der Zielgruppe optimiert. Fehlerhafte Erkennungen, Erkennungslücken und fehlende Antworten lassen sich so erkennen. Meist bietet die Entwicklungsumgebung Analysewerkzeuge, um die Gesprächsprotokolle effizient auswerten zu können. Ein guter Chatbot erreicht auf diese Weise eine mittlere Erkennungsrate von mehr als 70 % der Fragen. Er wird damit von den meisten Nutzern als unterhaltsamer Gegenpart akzeptiert (vgl. TEWES 2005).

Im besonderen umgehen die kommerziellen Varianten den Umgang mit der lexikalischen, syntaktischen, referentiellen und pragmatischen Ambiguität natürlicher Sprache. Die sog. Psychotherapeuten sind weniger als die kommerziellen mit solchen sprachlichen Phänomenen wie Metaphern, Metonymie und Ironie überfordert. Die kommerziellen Chatbots weisen auch mangelnde Freundlichkeit und eine Beschränkung auf Stichwortabfragen auf (ibn).

4.2 Nutzenverhalten und Text-Bild-Konstellation

Texte und Bilder stehen innerhalb des Internets nicht nebeneinander, sondern bieten durch einen erweiterten medialen Handlungsspielraum und die basale ? Interaktionsfähigkeit eine verstärkte symbiotische Beziehung. So ist es auch im Falle der Chatbots, wo der Benutzer immer ein Gesicht des Lingubots sehen kann. Auf diesen Aspekt sollte man sich konzentrieren, wenn man das Nutzenverhalten und die Text-Bild-Konstellation in den Chatbotsgesprächen näher betrachten möchte.

„Die Gesichte" der Lingubots sind unterschiedlichster Art: von den ganz gewöhnlichen, wie Frauen- oder Männergesicht, bis zu den absolut einzigartigen, wie das Gesicht eines Kosmitten, eines Hundes oder eines Roboters[27]. Die Gesichter zeigen Mienen; wundern sich, sind böse oder froh – in Abhängigkeit von dem Gesprächsverlauf und Nutzenverhalten. Das Programm wurde so aufgestellt, dass nach der Eingabe bestimmter Schlusswörter ein bestimmter Gesichtsausdruck assoziiert wird. Wenn also zum Bespiel die Wörter: *interessant, spannend, unglaublich, cool, unbegreiflich* eingegeben werden, werden diese mit demselben Gesichtsausdruck verknüpft: die Augen vergössen sich, das Chatbot lächelt – als ob das Nutzeninteresse tatsächlich geteilt wäre. Das ist insoweit interessant, als es zu einer Personifikation kommt: das Lingubot erklärt sich von sich selbst, schafft einen Eindruck, als ob der Benutzer mit einem menschlichen Gesprächspartner zu tun hätte. Das kann Einfluss auf die Länge der Konversation haben, die angesprochenen Themen, den Stil

---

[27]   vgl. Anhang Abb. 2

und subjektive Wahrnehmung der kommerziellen und psychologischen Fachkompetenz der Programme.

Daraus folgt, dass die Chatbotsbilder, als konstitutive Merkmale der Lingubotsseiten, nicht nur die Attraktivität der Seiten erhöhen, sondern auch eine intrapsychische Aufgabe erfüllen. Das ist aus dem anthropologischen Gesichtspunkt insoweit interessant, weil es Phänomene schafft, die nicht unbedingt Absicht von den Seitendesigner waren. Es kommt zur Schaffung eines einseitigen sozialen Netzes zwischen der Maschine und dem Benutzer, der in seinem Gesprächspartner keine Maschine mehr sieht. Die ersten Forschungen von Claudia Sassen, bestätigt danach durch Beobachtungen von Michael Tewes und Uwe Wirth, zeigen, dass es ein Begriff der Chatbotpsychologie eine große Rolle spielt, da sie das Nutzenverhalten und den Gesprächsverlauf determinieren (vgl. SASSEN 2000 *Einleitung*; TEWES 2005 *Einleitung*; WIRTH 2005: 22f).

4.3   Chatbots und Emotionen

Nach Dörner verfügen Roboter über ein Gefühlspotantial. Es gebe demnach auch keinen prinzipiellen Unterschied zwischen Mensch und Roboter, da beide nur informationverarbeitende Systeme seien. Davon kann man in der anthropologischen Forschung zwar nicht ausgehen, da man sich eher auf den Menschen als ein denkendes und empfindsames Wesen fokussiert. Soll da ein Gefühlspotenzial wirklich vorhanden sein, dann wird dieses eher im Sinne der menschlichen Reaktionen gesehen.

Im Falle der kommerziellen Lingubots werden die Gesprächfähigkeiten aufgrund der Zielsetzung des Programms bewusst gering gehalten. Die Mehrheit der Konversationen ist fachbezogen. Die Systeme werden außerdem von den Programmierern nicht mit einer ausgeprägten Persönlichkeit oder einem privaten Hintergrund ausgestattet. Das schließt aber nicht die Möglichkeit aus, mit dem Robot nicht unbedingt fachbezogene Themen zu disputieren. Besonders im Falle der computergenerierten Psychotherapeuten entwickelt sich nach einigen Fragen eine längere Interaktion. Bei kommerziellen Chatbots findet diese auch statt. Wie die Forschungen zeigen, spielt eine große Rolle dabei immer ein sich während des Gespräches verändertes Foto eines jungen Manns (z. B. *Hank*, coca-cola.com) oder einer jungen Frau (z.B. *A.L.I.C.E.*, alicebot.com) (TEWES 2005: 259): „*Lingubots zeigen Emotionen durch entsprechende Antworten und die dazu gehörigen Grafiken und geben damit einer Webseite eine Seele*" (dvm.at) Das hat einen großen Vorteil für die Firmen, da dadurch die Kundenfrustration vermieden wird, die normalerweise beim Email-Support zu beobachten ist. Die Antwortwartezeit verkürzt sich erheblich und dazu haben die Kunden einen Eindruck, dass sie mit einem Mensch sprechen, was assoziiert solche Eigenschaften wie: Kompetenz, Zuständigkeit und Verantwortlichkeit.

Bei verschiedenen Chatbots sieht das unterschiedlich aus. Es wurde ein Versuch mit einem Lingubot *Eve* (yellow.com) durchgeführt. Das Ziel war, anhand der Vortäuschung von Emotionalität, ihren Grad zu messen.

```
Eve:  Hallo! Mein Name ist Eve. Haben Sie eine Frage zum Thema Strom?
      Dann sind Sie bei mir genau richtig!
User: Blöde Kuh.
Eve:  Stehen Sie unter Strom? Blitzableiter gibt´s im Baufachhandel!
User: Alte Zicke.
Eve:  Reagieren Sie sich ruhig bei mir ab! Den günstigen Strom für
      Ihren   Computer   gibt´s   bei   Yello.   Und   den   günstigen
      Internetzugang für langes Surfen gibt´s auch bei Yello!
User: Sie sind blöd.
Eve:  Glauben Sie ich find´ jeden gut?
User: Ich finde Sie doof.
Eve:  …
User: Hallo?
Eve:  …
User: Wo sind Sie hin?
Eve:  …
User: Entschuldigung.
Eve:  Soso, jetzt tut es Ihnen also leid. Ein Glück für Sie, dass ich
      nicht nachtragend bin. Aber bei der nächsten dummen Bemerkung
      ist endgültig Schluss.
User: Sie sind doch doof.
Eve:  …
User: Entschuldigung.
Eve:  …
(…) [28]
```

Das Experiment mit Eve zeigt, wie die Chatbotemotionalität durch die drei Grundstimmungen: *positiv*, *neutral* und *negativ* realisiert wird. Diese verändern sich, wenn ein Nutzer den Chatbot beleidigt. Es verändert sich gleichzeitig die visuelle Darstellung der Stimme. Eve lächelt noch bei dem Begrüßritus, zwinkert die Augen bei der ironischen Antwort und bei mehrfachen Beleidigungen verschwindet die animierte Figur ohne Vorankündigung. Dies spiegelt sich in der Stimme auf der oralen Ebene.

Bereits bei ersten Beobachtungen in 60er Jahren hat Weizenbaum festgestellt, dass die Emotionalität wesentlich die Sprache beeinflusst:

> „I was startled to see how quickly and how very deeply people conversing with DOCTOR become emotionally involved with the computer and how unequivocally they anthropomorphized it. (…) What I had not realized is that extremely short exposures to a relatively simple computer program could induce powerful delusional thinking in quite normal people. "

(WEIZENBAUM 1976: 6f)

---

[28]   Chatbot *Eve*, yellow.com, den 30 Juli 2007

Die neueren Forschungen zeigen, dass heutzutage das Phänomen noch zugenommen hat und die Gespräche mit den Chatbots sehr oft pathologisch in der Phantasie mancher Nutzer zu realen Existenzen und Gesprächspartner erhoben werden (vgl. TEWES 2005).

5. Fazit

„Was es mir nicht klar war: dass ein extrem kurzer Kontakt mit relativ einfachen Computerprogramm das Denken ganz normaler Leute in eine ernstzunehmende Wahnvorstellung verkehren konnte."
(WEIZENBAUM 1976; *Zusammenfassung)*

Trotz der relativ einfachen Programmstruktur scheinen die beschriebenen Systeme einen entscheidenden Durchbruch zu bilden, im Sinne des maschinellen Verstehens der menschlichen Bedürfnisse.

Nach der Analyse stellt es sich heraus, wie wichtig der Zusammenhang der Kommunikation und Technologie ist. Man konnte bestimmte elektronische Prozeduren herausbilden, die ursprünglich nur der mündlicher Konversation bekannt wurden. Obwohl die Mehrheit der heutigen Elaborate auf der Basis des Abgleichs der Nutzereingaben mit Wissensdatenbanken aufgebaut sind, lassen sich zusammen mit höher Speichekapazität, schnellen Prozessoren und Animation erstaunliche Erfolge erzielen. Dies betrifft sowohl die kommerziellen Lösungen als auch die nicht-kommerziellen Varianten im Bereich der Chatbots.

Die Idee der Verbreitung der natürlichen Sprache in den modernen Chatbots löst das Intrapsychische aus – die Nutzer haben einen Eindruck, dass sie mit einem Menschen sprechen. Die Techniken beeinflussen sowohl Kommunikation als auch Nutzenverhalten im Sinne der anthropologischen, soziologischen und psychologischen Aspekte.

Die Visualität des Mediums spielt dabei wichtige Rolle; sie beeinflusst Emotionen, Gesprächsverlauf und subjektive Bewertung der Kompetenz der Roboter. Die Forschung der Phänomene der Art zeigt, welche Implikationen die Verbreitung visueller Medien – und die Visualisierung der Medien selbst - für die Herstellung und Identifizierung anthropologischer Felder hat. Man muss die Frage beantworten, inwieweit sich Medien heute überhaupt noch von der ‚Realität' trennen lassen und welche interdisziplinären Anforderungen sich daraus ergeben. Das muss in erster Linie zur grundsätzlichem Revision anthropologischer Grundannahmen führen, die im XXI - sten Jahrhundert sich etwa geändert haben.

Es bleibt nun die Frage, ob es überhaupt denkbar ist, eine Maschine zu konstruieren, die den bewussten und selbstbestimmten Umgang mit den Nutzereingaben, seinen Problemen und Emotionen umgehen kann. Es geht dabei nicht darum, einem Lingubot Intelligenz ab-

oder zuzusprechen. Intelligenz konstruiert sich in sozialer Interaktion und mindestens mit diesem Phänomen hat man schon zu tun.

6. Anhang

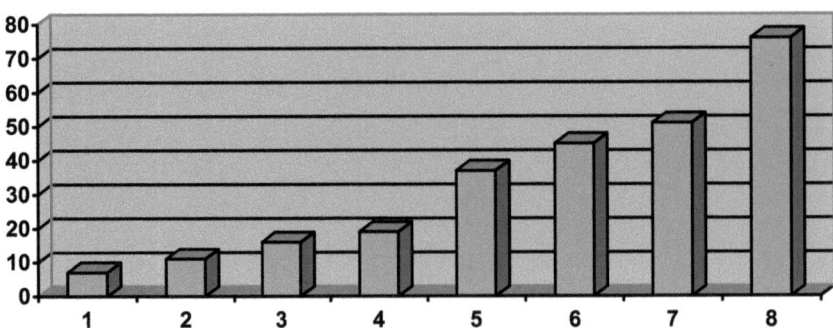

1 - Videos ansehen
2 – Computerspiele
3 – **Chats (inkl. Lingubots)**
4 – Download von Dateien

5 – Homebanking
6 – *"einfach so surfen"*
7 – Zielgerichtete Suche
8 – E-Mail

Abbildung 1: Internetaktivitäten in %, Zusammengestellt nach ARD/ZDF – Online – Studie, van Eimeren et al. 2004: 356

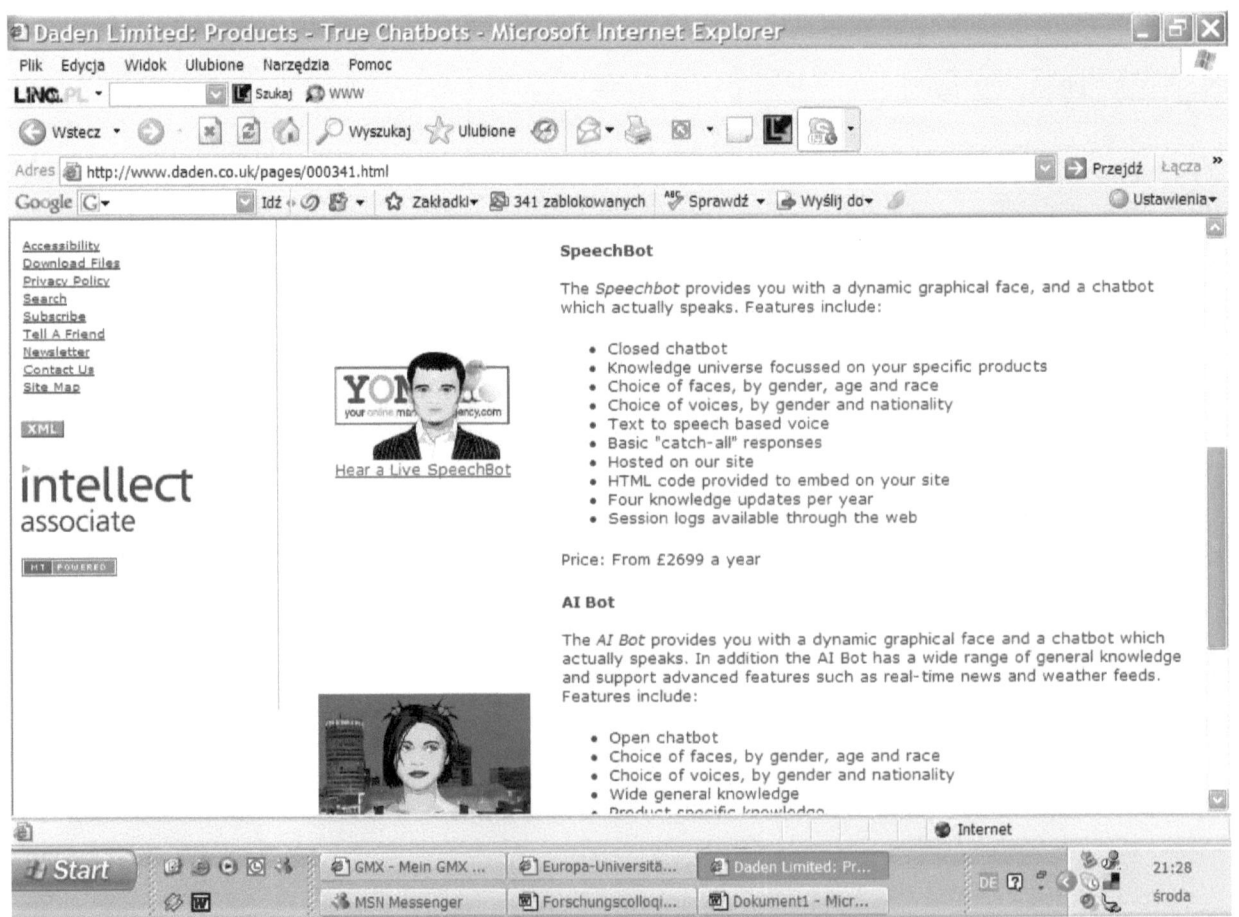

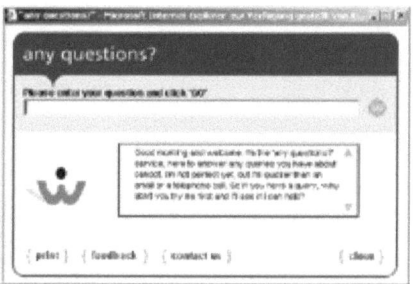

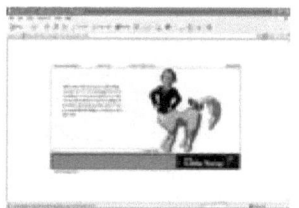
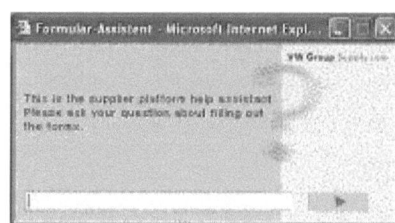

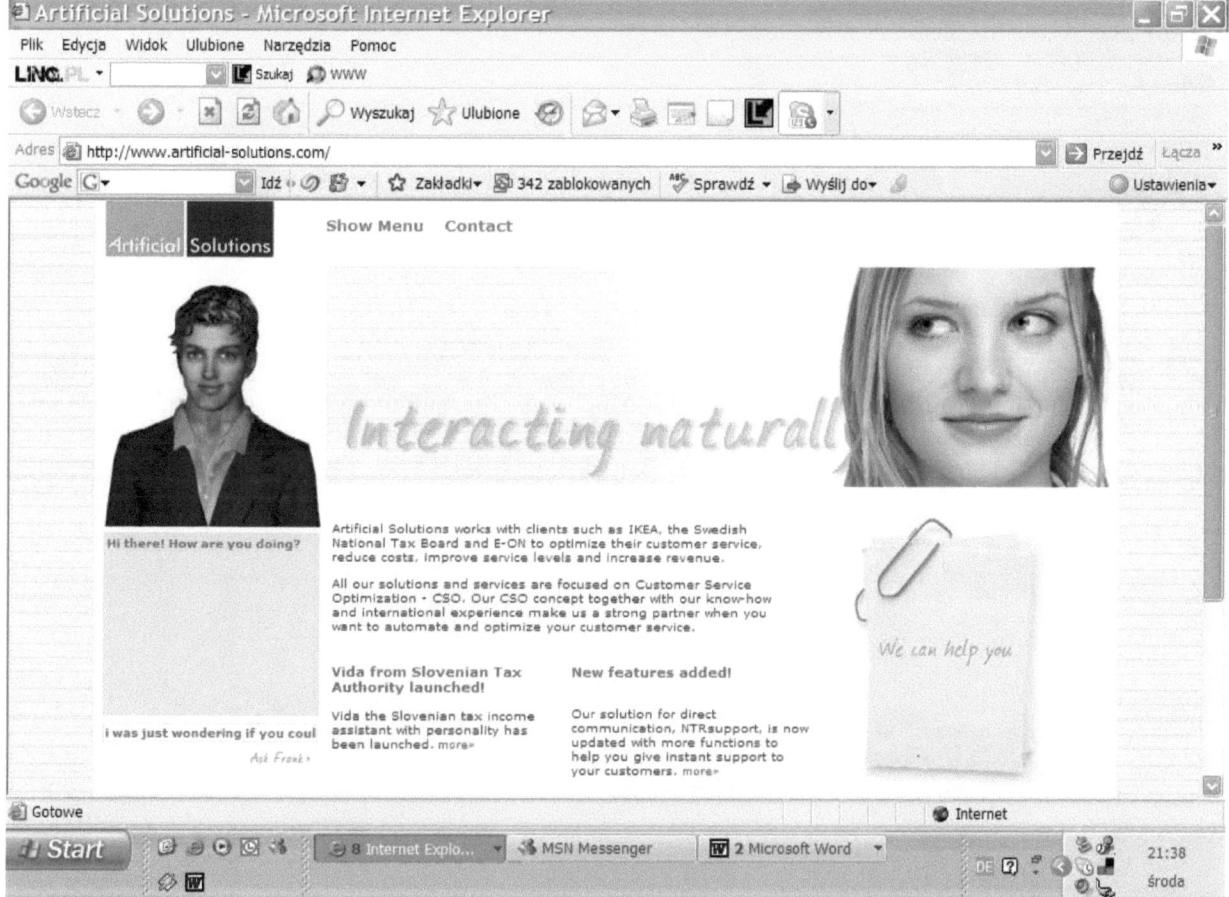

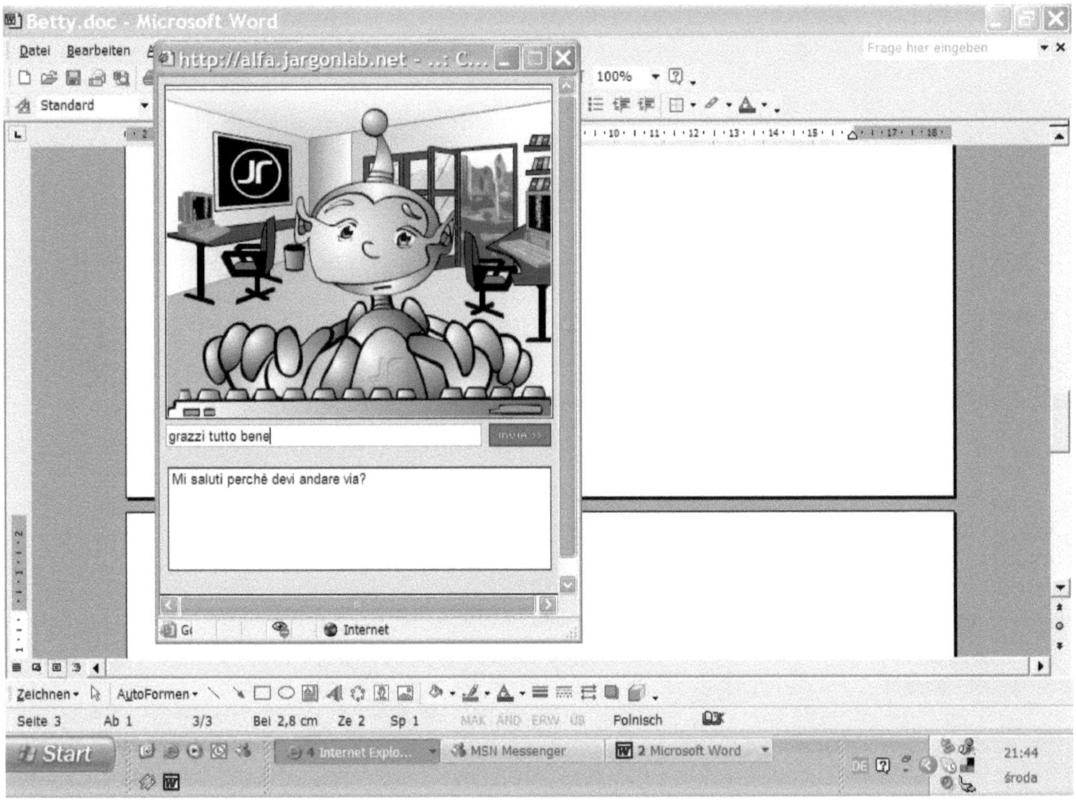

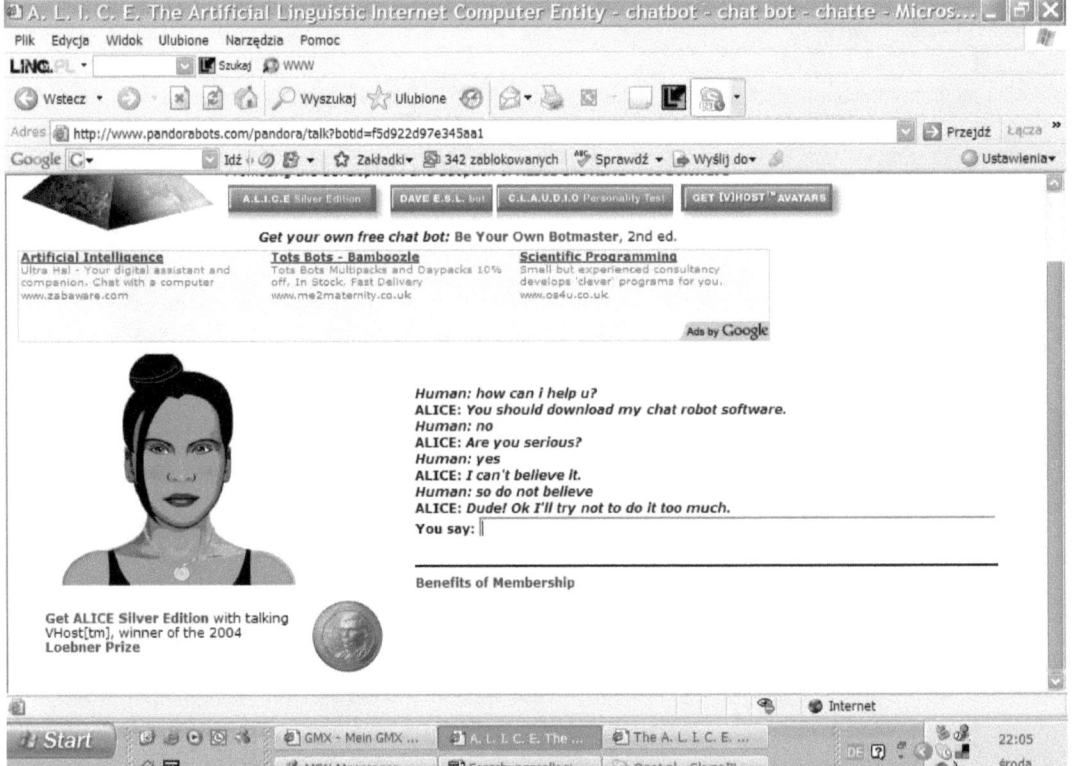

Abbildung 2: Verschiedene Chatbots erreichbar im Netz

7. Literaturverzeichnis

1. Feldweg, Helmut (1996): *Implementation and Evaluation of a German HMM for POS Disambiguation*. In: Armstrong, S., K.W. Church, P. Isabelle, S. Manzi, E. Tzoukermann and D. Yarowsky (eds.), *Natural Language Processing Using Very Large Corpora*

2. Freyermuth, Gundolf S. (2004): *Designermutanten & Echtzeitmigranten: Mit der Digitalisierung eskaliert der Prozess neuzeitlicher Individuierung zur Utopie des virtuellen Menschen*. In: Rötzer, F. & Rudolf, M. (Hrsg.) *Rennaissance der Utopie: Zukunftsfiguren des 21. Jahrhunderts*, Frankfurt am Main, S. 65-91

3. Grzenia, Jan (2006) *Komunikacja językowa w Internecie*. Vrlg. Wydawnictwo Naukowe PWN, Warszawa

4. Habscheid, Stephan (2005) *Das Internet – ein Massenmedium?* In: *Linguistik. Impulse & Tendenzen. Websprache.net. Sprache und Kommunikation im Internet*. Hrsg. Runkehl, Jens; Schlobinski, Peter; Siever Torsten, Vrlg. Walter der Gruyter GmbH & Co. KG, Berlin

5. Hopfinger M. (red. 2002) *Nowe media w komunikacji społecznej w XX wieku. Antologia*. Vrlg. Oficyna Naukowa, Warszawa

6. Luhmann, Niklas (1996) *Die Realität der Massenmedien*, Vrlg. Hans Ulrich & Karl Ludwig Pfeiffer, Opladen

7. Sandbothe, Mike (1997) *Digitale Verflechtungen. Eine medienphilosophische Analyse von Bild, Sprache und Schrift im Internet* In: *Computernetze – ein Medium öffentlicher Kommunikation?* Beck, Klaus & Gerhard Vowe (Hrsg.) Berlin, S. 145 – 157

8. Sassen, Claudia (2000) *Phatische Variabilität bei der Initiierung von Internet-Relay-Chat-Dialogen* In: *Thimm*, Caja (Hrsg.). *Soziales im Netz. Sprache, Beziehungen und Komunikationskulturen im Internet*. Opladen, S. 89-108

9. Schlobinski, Peter (1993) *Sprache und internetbasierte Kommunikation – Voraussetzungen und Perspektiven.* In: *Linguistik. Impulse & Tendenzen. Websprache.net. Sprache und Kommunikation im Internet*. Hrsg. Runkehl, Jens; Schlobinski, Peter; Siever Torsten, Vrlg. Walter der Gruyter GmbH & Co. KG, Berlin

10. Storrer, Angelika (1999) *Kohärenz in Text und Hypertext* In: Lobin, Henning (Hrsg.). *Text im digitalen Medium. Linguistische Aspekte von Textdesign, Texttechnologien und Hypertextengineering*, Opladen, S. 33-65

11. Streeck, Jürgen (1983) *Konversationsanalyse. Ein Reparaturversuch*. In: *Zeitschrift für Sprachwissenschaft 2*, 1, S. 72–104, Vrlg. Vandenhoek & Ruprecht

12. Tewes, Michel (2005) *„>Sie können ruhig in ganzen Sätzen mit mir sprechen!< Chatbots un ihre Bedeutung für internetbasierte Kommunikation"* In: *Linguistik. Impulse & Tendenzen. Websprache.net. Sprache und Kommunikation im Internet*. Hrsg. Runkehl, Jens; Schlobinski, Peter; Siever Torsten, Vrlg. Walter der Gruyter GmbH & Co. KG, Berlin

13. Weizenbaum Joseph (1976) *Computer power and human reason. From judgement to calculation.* San Fransisco

14. Wirth, Uwe (2005) *Chatten. Plaudern mit anderen Mitteln.* In: *Linguistik. Impulse & Tendenzen. Websprache.net. Sprache un Kommunikation im Internet.* Hrsg. Runkehl, Jens; Schlobinski, Peter; Siever Torsten, Vrlg. Walter der Gruyter GmbH & Co. KG, Berlin

8. Internetquellen

1. Grether, Reinhold (1998): *Umrisse einer Internet – Anthropologie* Ein Vortrag gehalten am 9.6.98 an der FU Berlin, Institut für Soziologie
   URL: http://www.netzwissenschaft.de/docs/umrisse.htm
   (Abfrage: den 10.8.2007)

2. Kluba, Markus (Stand 2002): *"Massenmedien und Internet – eine systemtheoretische Perspektive"* In: *Networx*, Nr. 26
   URL: http://www.mediensprache.net/de/websprache/internet/b/details.asp?id.=26
   (Abfrage: den 20.7.2007)

3. Rehm, Georg (Stand 27.11.1997): *Internetkommunikation und Sprachwandel.*
   URL: http://www.uni-giesen.de/~g90163/html/irc/irc.html (Abfrage 23.07.2007)
   URL: http://www.uni-giesen.de/~g90163/html/irc/node28.html#schlobi (Abfrage den 23.07.2007)

4. Schepelman, Alexandra (2003): *Kontextualisierungskonventionen im Internet Relay Chat.* URL:
   http://www.univie.ac.at/linguistics/publikationen/diplomarbeit/schepelmann (Abfrage: den 8.7.2007)

5. Wallace, Richard S. (2000): *Don´t Read Me: A.L.I.C.E. and AIML Documentation*
   URL: http://www.sirkussystem.com/alice/dont.html (Abfrage: den 20.7.2007)

6. http://www.artificial-solutions.com (Abfrage: den 29.7.07)

7. http://bratbud.wordpress.com/2006/10/05/antropologia-internetu (Abfrage:27.7.2007)

8. http://www.daden.co.uk (Abfrage :den 1.7.07)

9. http://www.dvm.at o.V.

10. http://www.chatbots.de o.V.

11. http://coca-cola.com o.V.

12. http://www.sign-lang.uni-hamburg.de/projekte/slex/SeitenDVD/Konzepte/L50/L5021.htm o.V. (Abfrage: den 20.7.07)

13. http://www.jargon.it/utilizzo.htm (Abfrage: den 4.7.2007)

14. http://www.kiwilogic.de o.V.

15. http://www.wikipedia.pl o.V.